알고 보니
나는
지극히
정상적이다 ^^

베다 지음

‘프롤로그

알고 보니, 나는 지극히 정상적이다.

나는 오랫동안 내가 어딘가 잘못된 사람이라고 믿으며 살아왔습니다. 감정은 쉽게 흔들렸고, 타인의 말과 표정에 깊이 상처받았으며, 아무 일 없는 날에도 이유 없는 불안이 찾아오곤 했습니다. 그래서 늘 스스로에게 묻곤 했습니다.

‘나만 왜 이렇게 예민할까’, ‘나만 왜 이렇게 특이하고 약할까?’

조금씩 그 생각에서 벗어나기 시작했을 때 내게 해야 할 일이 하나 분명해졌습니다. 바로 이 이야기를 기록하는 일이었습니다. 나와 비슷한 고민과 혼란 속에 있는 사람들이 있다면, 삶이 단순한 생존이 아니라 회복과 창조 그리고 풍요로움으로 전환될 수 있다는 가능성을 함께 나누고 싶었습니다.

우리들 대다수는 단점부터 찾는 법을 배워왔습니다. 어린 시절부터 부모와 주변 사람들로부터 ‘하지 말아야 할 것’, ‘잘못된 것’을 지적받으며 자랍니다. 그런 경험은 사회생활에 도움이 되기도 하지만, 성인이 되어서도 자신을 습관처럼 비판하게 만듭니다. 결국 우리는 점점 자신을 작게 느끼며 살아가게 됩니다.

나 역시 그러했습니다. 어린 시절부터 감정 기복이 컸고, 사람들의 말에 쉽게 흔들렸으며, 가족과의 관계 속에서도 거리감과 불신을 느꼈습니다. "사람을 쉽게 믿지 말라", "자신을 드러내지 말라"는 조언은 나를 보호해 주는 말이었지만, 동시에 나 자신을 믿지 못하게 만드는 기준이 되었습니다. 그 영향으로 나는 성인이 되어서도 스스로를 사랑하는 방법을 알지 못했고, 관계 속에서는 늘 실망과 공허함을 반복했습니다. 그럴 때마다 나는 나를 다그치거나, 환경과 과거를 탓했습니다. '부모 때문일까', '가난한 환경 때문일까', '그래서 내가 이렇게 부족한 걸까?' 원망과 자책은 오랫동안 나를 따라다녔습니다. 종교 생활 또한 나에게는 쉽지 않았습니다. 신앙은 위로가 되기도 했지만 한편으로는 죄책감과 두려움을 키우는 틀이 되기도 했습니다. 선과 악, 옳고 그름에 대한 강한 기준 속에서 나는 세상을 좁게 바라보고 있었습니다.

그러던 어느 순간 깨달았습니다. 그 틀 밖에도 삶이 존재한다는 사실을 말입니다. 삶의 패턴을 바꾸고 자신을 사랑하고 받아들이기 시작하자 몸과 마음, 그리고 관계가 자연스럽게 회복되기 시작했습니다. 어린 시절 가정불화 속에서 여러 환경을 오가며 살아야 했던 경험, 나만의 공간이 없었던 기억, 성인이 되어서도 쉽게 사라지지 않았던 불안과 공황 같은 감각들 역시 나를 설명하는 일부라는 것을 받아들이게 되었습니다.

그 과정에서 자기계발서, 심리 상담과 치료, 운동과 명상, 다양한 공부와 실천을 거쳤습니다. 변화하려 애쓰며 수없이 나를 고쳐보려 했습니다. **그러나 나에게 정말 필요했던 것은 변화가 아니라 수용과 확신이었습니다.**

자신을 진심으로 받아들이기 시작하자, 세상은 더 이상 위협적인 공간이 아니었습니다. 실수하고, 실패하고, 망설이고, 때로는 아무것도 하지 못하는 모습까지도 지극히 정상적인 인간의 모습임을 이해하게 되었습니다. 나를 있는 그대로 인정하자, 삶은 조금씩 나에게도 안전한 자리가 되어주었습니다.

이 책은 완벽해지기 위한 기록이 아닙니다. 스스로를 다시 받아들이는 연습에 관한 이야기이며, 흔들리면서도 다시 제자리로 돌아오는 법에 대한 기록입니다. 여전히 나는 흔들럽니다. 그럼에도 이 책을 쓰는 이유는 분명합니다. 이 글이 누군가에게 작은 위로와 용기가 되기를 그리고 나 자신에게도 앞으로의 삶을 계속 살아갈 힘이 되기를 바랍니다.

알고 보니, 나는 지극히 정상적이었습니다. 그리고 이 글을 읽는 당신 또한 그렇습니다.

1장

'알고 보니, 나는 지극히 정상적이다

존재만으로도 파동이 되는 우리

혹시 지금도 자신을 '나만 이상한 사람, 예민한 사람, 사차원'이라고 생각하며 살아가고 있는가?

나 역시 오랫동안 그렇게 믿으며 살았다. 남들은 다 정상적으로 잘 사는 것 같은데 나만 유난히 다르고, 불안하고, 외롭고, 사소한 일에도 쉽게 흔들렸다. 조금만 잘못해도 마음이 무너지고 누군가의 표정 한 번, 작은 지적 하나에도 내 존재 전체가 흔들렸다.

그래서 나는 스스로를 보호하기 위해 온갖 가면을 썼다.

강해 보이고 싶었고 쿨하고 관대한 사람처럼 보이고 싶었다. 감정을 숨기고 버티며 하루를 견디고 뒤처지면 불안해졌다. 그러나 그럴수록 내 안의 진짜 목소리는 작아졌다. 몸은 움직이는데 마음은 사라진 것 같았고, 표정은 굳어져갔으며, 에너지는 빠르게 소진되었다.

그러던 어느 날 아주 단순한 깨달음이 찾아왔다. 그것은 **내가 느끼는 불안, 외로움, 눈물, 인정받고 싶은 마음 등 모든 감정 가운데 그 어떤 것도 내가 '망가졌다는 증거'가 아니라 지극히 정상적이고 살아 있다는 증거라는 깨달음이었다.**

정신의학자 토마스 루이스는 이렇게 말했다. **"감정은 인간이 세상과 연결되는 가장 오래된 언어다."** 그러니 감정이 많고 흔들리는 나는 잘못된 게 아니라, 오히려 가장 인간적이고 가장 살아 있는 상태였다. 완벽하게 안정된 사람은 세상 어느 곳에도 없다. 우리는 단지 서로 다른 방식으로 '괜찮지 않은 부분'을 감추며 살아갈 뿐이다.

어느 마을에 깊은 숲을 지나면 넓은 강가가 있었다. 그 강가에는 늘 잔잔한 물결이 일렁였다. 어느 날 호기심 많은 한 청년이 그 강가에서 물결을 멍하니 바라보던 나이 많은 노인에게 물었다.

"스승님, 저 물결이 무슨 의미가 있나요? 금방 사라져 버리잖아요. 아무 흔적도 남지 않는 것처럼 보이는데요."

노인은 미소를 지으며 손끝을 물에 살짝 담갔다. 물결이 부드럽게 퍼져 나갔다. 노인은 그 작은 흔들림을 눈으로 따라가며 말했다.

"지금 네 눈에 보이지 않는다 해서 사라진 것이 아니란다. 이 작은 물결은 강의 중간을 지나고 저기 숲 아래 굽이치는 물줄기까지 가 닿는다. 거기서 또 다른 파문을 일으키고 그 파문은 다시 다른 흐름을 만든다. '작다'는 이유로 의미 없다고 말하는 사람도 있지만 세상에서 정말 큰 변화는 언제나 이렇게 아주 작은 떨림에서 시작되는 법이지."

청년은 말없이 그 물결을 바라보았다. 언뜻 사라지는 것 같던 작은 진동은 오래 남아 어디론가 흘러가고 있었다.

이 우화는 우리가 종종 잊고 사는 진실을 말한다. **작은 감정, 작은 선택, 작은 움직임도 결코 사라지지 않는다. 모든 파동은 이어지고, 전해지고, 결국 세계를 흔든다.**

심리학자 앨버트 반두라가 말한 '상호 결정론'처럼, 한 사람의 행동이 환경을 바꾸고, 그 환경이 또 다른 사람을 바꾸며, 결국 사회 전체의 방향을 조금씩 재구성한다.

나는 오랫동안 스스로를 몰아붙이며 살았다. '잘해야 한다', '이래서는 안 된다.' 보이지 않는 채찍으로 자신을 때리며 완벽한 사람이 되려고 애썼다. 그러다 한 문장이 내 마음의 벽을 부드럽게 무너뜨렸다.

"해도 괜찮고, 안 해도 괜찮다."

이 말은 게으름의 선언이 아니라 내 리듬을 존중하는 첫 연습이었다.

심리학자 크리스틴 네프는 말했다. **"자신에게 부드러워지는 순간 마음은 저절로 회복의 방향으로 움직인다."** 조금 느려도 괜찮다는 것, 잠시 멈추어도 괜찮다는 것. 그것은 나에게 처음으로 내 존재를 허락하는 일처럼 느껴졌다.

어느 날 나는 수영을 하던 중이었다. 팔을 물속 깊이 넣고 젓는 순간 내 바로 아래 작은 물결이 일렁였다.

내가 멈춰도 그 물결은 멈추지 않았다. 내가 잠시 쉬어도 여전히 흔들리고 있었다. 그리고 그 파동은 멀리 있는 다른 레인까지 퍼져 수면 전체의 결을 바꾸고 있었다. 나는 그 순간 깨달았다.

"모든 존재는 서로를 흔드는 파동이다." 우리가 흔들리고,

움직이고, 잠시 쉬는 순간에도 세상은 그 미세한 떨림을 받아 적는다. 기상학자 에드워드 로렌츠가 말한, "브라질의 나비 한 마리의 날갯짓이 텍사스에 폭풍을 만든다"는 나비 효과는 단지 기후 현상에 대한 은유가 아니었다.

내가 물속에서 한 번 팔을 저었을 뿐인데도 물은 그것을 기억하고, 확장하고, 전달하고 있었다. 우리가 누군가에게 건네는 작은 미소, 누군가와의 이별, 어떤 거절, 어떤 실패, 조용히 숨을 들이쉬는 순간, 휴식을 취하는 순간, 어떤 결심을 하는 순간, 잠시 마음을 다잡는 작은 선택 하나도 결국은 누군가의 세계를 부드럽게 흔드는 파동이 된다.

바다 생태학 연구에는 이런 이야기가 있다. 고래 한 마리가 헤엄칠 때, 그 거대한 몸짓이 만든 물결은 수천 미터 위까지 파동을 보낸다고 한다. 그 파동은 플랑크톤의 분포를 바꾸고, 바다의 산소 농도를 변화시키며, 결국 지구의 공기 질에까지 영향을 준다. 고래는 그저 헤엄쳤을 뿐인데도 지구 전체의 생태를 움직이는 것이다. **우리도 그렇다. 우리의 호흡, 우리 고유의 개성, 욕구, 성향, 어떠한 선택, 생각, 어떤 일을 하거나 하지 않는 것, 존재하는 것, 사라지는 것 그 모든 것 자체가 이미 세계의 흐름에 기여하고 있다.**

철학자 알베르 카뮈는 말했다. **"인간은 존재하는 것만으로도 이미 세계에 영향을 미친다."**

행동 이전에 존재가 있다. 성과 이전에 호흡이 있다. 성취 이전에 나라는 중심이 있다.

비슷한 맥락에서 니체는 이렇게 말했다. "그대는 존재한다는 사실만으로 세계 속에서 역할을 한다."

우리는 늘 너무 많은 것을 하려고 애쓴다. 당신의 침묵이 누군가에게 위로가 되기도 하고, 당신의 속도가 누군가의 조급함을 잠재우기도 하며, 당신의 진동이 누군가의 하루를 좀 더 부드럽게 만들 수도 있다.

당신은 무엇을 하든 아무것도 하지 않든 이미 '파동'이며 전 세상에 공헌하고 있다.

그래서 나는 이제 내 감정과 나의 행동을 판단하지 않는다. 불안하면 불안한 대로, 슬프면 슬픈 대로 그저 이렇게 말한다. '그래, 너 지금 이렇게 느끼고 있구나.' 그리고 나에게 주어진 것들을 충분히 사용한다.

정신분석가 도널드 위니컷은 말했다. "건강한 인간은 흔들림을 견딜 수 있는 인간이다." 그 순간 나는 비로소 흔들리는 나를 버티는 것이 아니라 흔들리는 나를 이해하고 품는 것이 중요함을 깨달았다.

정상이라는 것은 하나의 완벽한 상태가 아니라 흔들림 속에서도 나를 포용할 수 있는 태도였다.

삶은 쉼과 흐름 속에서 흘러간다. 조금 느려도 괜찮고, 잠시 멈추어도 괜찮고, 아무것도 하지 않아도 괜찮다. 강가의 물결이 사라지지 않고 흐름을 만든 것처럼, 수영장에서 내가 만든 작은 물결이 멀리까지 흔들림을 전했듯, 고래 한 마리의 헤엄이 바다 전체를 움직이듯, 당신의 존재 역시 이미 세계에 파동을 남기고 있다.

성공하지 않아도, 노력하지 않아도, 심지어 어떤 날은 아무 말도 하지 않아도 당신은 이미 영향이다. 이미 연결이다. 이미 생명이다. 그리고 나는 이 사실을 믿는다.

나는 나로 충분하며 존재하는 것만으로 이미 세계와 함께 호흡하고 있다는 것을.

> 우리는 스스로를 비난하기 위해 태어난 존재가 아니다.
>
> 사랑과 축복 그리고 풍요를 누릴 충분한 자격을 가진 존재임을 마음 깊이 새기자.

2장 '거울을 보며 자신의 눈동자를 바라보고, 육성으로 사랑을 전하기

아침에 거울을 마주하며 스스로에게 말을 건네본 적이 있는가? **"오늘도 괜찮아. 넌 충분히 잘하고 있어." 혹은 "사랑해."** 짧은 이 한마디가 믿기 어려울 만큼 큰 변화를 일으킨다.

처음부터 자연스러울 리 없다. 나 역시 그랬다. 거울 속 비몽사몽 상태의 얼굴, 초췌한 눈가, 다 못 닦인 잠의 흔적…. 그런 나의 눈동자를 똑바로 보며 "진심으로 사랑해"라고 말하는 일은 생각보다 어렵고, 생각보다 더 많이 민망했다. 입술은 달싹였으나 목소리는 작았고 마음은 어딘가 뻣뻣하게 굳어 있었다. 그러나 3일쯤 지나자 기묘하게도 내면에서 변화가 시작되었다. 내가 나를 대하는 태도가 아주 조금 그러나 분명히 부드러워지고 있었던 것이다.

이 연습은 루이스 헤이의 『당신은 당신의 삶을 변화시킬 수 있다』(*You Can Heal Your Life*)에서 영감을 받은 방법이다. 그녀가 강조한 핵심은 단순했다. 우리는 이미 사랑받을 만한 존재이며, 스스로 그 사실을 인정할 때 삶의 질이 달라진다. 거울 속 자신의 눈동자를 바라보며 사랑한다고 말하는 행위는 그 사실을 가장 빠르게 체화할 수 있는 길이다. 특히 타인의 시선을 마주하기 어렵고, 자신감을 잃어버린 사람들에게 강력한 회복의 통로가 되기도 한다. 이는 거울 속 나를 바라보는 용기가 곧 세상과 마주할 용기를 길러주기 때문이다.

아침마다 실험하듯 작은 목소리로라도 "사랑해, 오늘도 고마워, 괜찮아"라고 말하기 시작했을 때 나에게서 가장 먼저 찾아온 변화는 **따뜻함**이었다. 그 따뜻함은 감정이 아니라 '기반'이었다. 삶을 지탱하는 힘의 층이 더 두꺼워지고 더 안정되는 느낌이었다.

종종 드라마나 영화를 보면 자신의 삶을 버티듯 고군분투

하며 스스로를 자책하는 인물이 등장한다. 그들은 마음속 깊은 곳에서 자신을 몰아붙이며 살아간다. 때로는 이런 대사를 외치기도 한다.

"아버지가 단 한 번이라도 나를 알아주고 따뜻한 말을 건네줄 수 있었잖아요! 그때 나를 무시하지 않았다면 나는 이렇게 되지 않았을 거예요", "제가 회사를 위해 이만큼 노력했는데 도대체 저에게 돌아오는 것은 뭐죠? 저는 무엇을 위해 산 것인가요?"

그 말에는 분노, 후회, 슬픔이 섞여 있다. 어린 시절에 부모로부터 충분한 애정을 받지 못했다고 느낀 사람에게는 이 장면이 단순한 드라마 속 대사 이상으로 다가온다. 마음속 깊은 상처가 꿈틀거린다. 사랑받지 못했던 기억, 그때 느꼈던 외로움과 억눌린 감정이 파도처럼 밀려온다. 가슴이 답답하고 손바닥이 저리며 목소리조차 떨리는 순간이 있다. 그 순간만큼은 다른 누구도 아닌 **자신이 스스로의 부모나 가장 존경하는 선배, 가장 사랑하는 친구가 되어줄** 필요가 있다.

연습은 간단하지만 강력하다. 가장 사랑했던 사람을 떠올리거나, 언젠가 받길 원했던 말을 자신의 목소리로 채워 넣는다. 거울 앞에 서서 자신의 눈을 똑바로 바라보며 말하는 것이다.

"진심으로 사랑해. 널 사랑하고 싶어. 넌 사랑받을 가치가 충분히 있어."

처음엔 어색하고 목소리가 떨릴 수 있다. 눈물이 흐르고 심장이 두근거려 숨을 제대로 쉬기 어려울 수도 있다. 그러나 중요한 것은 피하지 않고 자신의 눈을 바라보는 것이다. 시선을 돌리지 않는 것, 그것이 상처받은 어린 나에게 주는 가장 큰 선물이다.

반복할수록 변화가 느껴진다.

처음엔 표정이 어색하고 웃음이 억지로 붙은 듯하지만, 하루하루 거울 속 얼굴은 조금씩 부드러워진다. 입가에 자연스러운 미소가 자리 잡고, 눈빛에는 한결 여유가 생긴다. 가슴 깊은 곳이 따뜻해지고, 숨을 쉴 때마다 긴장감이 서서히 풀린다. 손끝과 발끝까지 힘이 자연스럽게 풀리며, 하루를 살아가는 힘이 한층 부드럽게 흐른다.

일주일 정도 꾸준히 연습하면 주변에서 변화가 보인다. 누군가 "요즘 얼굴이 좋아 보인다"고 말한다. 특별히 뭔가를 바꾸지 않았는데도, 표정과 눈빛에서 이전과 다른 편안함이 묻어난다.

그 변화는 거울 앞에서 나 자신에게 건넨 말과 시선에서 비롯된다. 눈을 마주치는 용기가 생기고, 말할 때 여유가 생기며, 상대방의 시선을 정면으로 받아들이며 웃을 수 있는 힘이 생긴다. 그것은 외부의 평가로부터 오는 자신감이 아니라 **스스로를 사랑하는 마음에서 나오는 힘**이다.

이 연습은 단순한 자기 위로나 거울 속 대화가 아니다. 과거의 상처를 지우는 것이 아니라 오히려 상처를 있는 그대로 인정하며 스스로를 보듬는 과정이다.

억눌려 있던 감정을 해방시키는 일이고, '나는 나에게 따뜻할 수 있다'는 믿음을 스스로 세우는 일이다. **자신이 줄 수 있는 사랑을 이제 더 이상 기다리지 않고 스스로 건네는 경험이다.**

그 경험은 하루하루 반복되며, 내면의 힘으로 자리 잡는다. 얼굴 표정만 바뀌는 것이 아니라 마음의 결이 달라진다.

상처받은 어린 시절의 내가 조금씩 안정을 찾고, 현재의 내가 이전보다 더 단단하게 서 있다. 이제 다른 사람의 시선에 흔들리더라도 마음속 중심은 흔들리지 않는다. 누군가에게 인정받지 못했다고 해서 내 존재가 흔들리지 않고, 그 누구도 대신할 수 없는 사랑을 스스로에게 채워주었다는 사실이 마음을 평온하게 한다.

이 연습을 지속하면 하루의 시작과 끝이 달라진다.

아침에는 거울 속 눈빛을 마주하며 부드러운 에너지를 충전하고, 하루 중에는 작은 불안과 마주해도 흔들리지 않는 힘이 생긴다. 밤에는 하루를 마무리하며 자기 자신에게 말한다.

"오늘 하루도 충분히 잘 살아줬어. 너는 충분히 사랑받아 마땅해."

그 말 속에는 외부의 판단이나 평가가 끼어들 틈이 없다. 오로지 스스로의 마음을 바라보고, 스스로를 지켜내는 힘이 자리한다.

결국 이 연습은 **자기 자신의 눈으로 자신을 사랑하고, 자신의 마음을 지키며 살아가는 훈련**이다. 그것이 쌓이고 쌓이면 상처받았던 과거도, 두려움도, 외로움도 더 이상 나를 흔들지 못한다. 거울 속 내 모습과 눈을 마주할 수 있는 용기, 스스로에게 건넨 사랑의 힘은 삶의 중심을 단단히 세워준다. 그리고 그 중심 위에서 비로소 하루를 부드럽게 그러나 확실하게 살아갈 수 있다.

나는 현재 운영 중인 '멘탈 성장하기' 모임에서 이 연습을 자주 사용한다. 다른 사람들과 만나는 것조차 두려워하는 분들이 있을 때면, 우리는 각자 조용한 공간으로 가서 거울을 보며 "사랑해"라고 말해본 뒤 다시 모인다.

그들의 반응은 늘 다양하다. "어색했어요", "입이 잘 떨어지지 않았어요", "말하는 순간 눈물이 쏟아졌어요", "가슴이 몽글몽글해졌어요", "왠지 모르게 자신감이 생기기 시작했어요. 의욕이 생기고 당장 일을 열심히 할 수 있을 것 같아요!" 그러나 모임을 끝낼 때 가장 많이 들리는 말은 하나다.

"이제 용기가 조금 나는 것 같아요. 자신감도요."

그 말들은 진실이다. 이 연습은 단순한 자기 칭찬이 아니다. 계속 반복할수록 우리의 무의식 깊은 곳에 저장되어 있던 자기비판의 흔적 위로, 사랑과 인정의 새로운 기억을 덮어준다. 무의식이 드디어 말한다.

"나는 사랑받아도 되는 존재구나."

천천히 그러나 진심으로 이렇게 말해 보라. "사랑해", "오늘도 고마워", "오늘 너 정말 아름답고 나는 너를 믿어", "괜찮아, 충분히 잘하고 있어", "너를 진심으로 사랑하고 싶어", "삶은 너를 사랑해", "삶은 생각보다 쉽고 안전해", "모두가 너의 편이며, 너 역시 모두의 편이야."

짧은 순간이지만 매일 반복되는 이 말들은 무의식 속에 새로운 자기 이미지를 심는다. 숨기고 방어적이던 마음은 서서히 열리고, 작은 미소 하나가 하루 전체를 지탱해 준다.

이 연습을 시작해 보자. 민망하고 쑥스러울 수 있다. 그러나 따뜻한 순간이 하루에 단 10초라도 쌓이다 보면 어느 날 문득 당신은 자신을 좀 더 사랑하고 좀 더 너그럽게 대하며, 좀 더 자유롭고 여유로운 삶을 살고 있을 것이다.

거울 속 당신은 어느새 당신을 사랑하는 눈빛으로 당신을 바라보게 될 것이다.

그리고 그 사랑은 결국 당신을 풍성히 채우고 당신의 세상은 정말로 변화가 찾아온다.

3장 ‘표현하기, 연결하기

오랫동안 나는 감정과 나의 이야기를 표현하기를 어려워했다. 솔직해질수록 상처받을 것 같았고, 진심을 드러내면 외면당할까 두려워 말을 아꼈다. 어린 시절에는 혼나는 것이 싫어 죄송하지 않아도 "죄송합니다"라는 말을 먼저 꺼냈다. 그 말은 나를 보호하는 방패였지만 동시에 나를 작고 조심스러운 존재로 묶어두는 족쇄이기도 했다. 그래서 관계 속에서도 나는 늘 움츠러들었다. 겉으로는 웃고 있었지만 마음속에서는 끊임없이 묻고 있었다.

'이렇게 말하면 이상해 보일까', '불편함을 주진 않을까', '나를 오해하면 어쩌지?'

그러다 어느 순간 깨달았다. **진짜 고립은 타인의 무관심에서 시작되는 것이 아니라 내가 나를 숨길 때 시작된다는 사실을.** 프랑스 철학자 장 폴 사르트르는 이렇게 말했다.

"지옥은 타인이 아니라 타인이 만들어내는 나의 정체성에 집착할 때 완성된다."

나는 타인의 시선 속에서의 나를 고민하느라 정작 내가 누구인지 말할 기회를 잃고 있었다.

자유로운 표현은 관계를 위한 일이기 전에, 나 자신을 회복하는 과정이다. 미국의 심리학자 제임스 페니베이커는 말했다.

"사람은 말하지 않은 감정을 짊어지고 살아간다. 그러나 그것을 언어로 꺼내는 순간 감정은 짐이 아니라 경험이 된다."

억눌린 감정은 굳어 마음을 무겁게 만들지만 표현된 감정은 흐른다. 표현은 나를 약하게 만드는 것이 아니라 마음에 통로를 만들어 준다. 그 통로를 통해 감정은 빠져나가고 타인의 마음이 들어올 자리가 생긴다. 나는 한때 좋은 관계란 상처 없는 관계라고 믿었다. 그러나 이제는 안다. **좋은 관계란 상처를 피하는 관계가 아니라 상처가 나도 회복할 수 있는**

관계라는 것을. 그것은 마음을 꺼내놓아도 비난받지 않고 침묵 대신 이해가 흐르는 관계. 두려움 대신 존중이 남는 관계다.

'있는 그대로 표현하면 누군가 떠나지 않을까?'

이 질문 앞에서 나는 오래 망설였다. 하지만 이제는 안다. 누군가는 떠날 수 있다. 그러나 그것은 나의 표현 때문이 아니라 그 사람의 몫일 뿐이다. 표현은 무례도, 요구도, 강요도 아니다. 표현은 존재의 선언이며 진실한 나의 울림이다. 심리학자 수잔 데이비드는 이렇게 말했다.

"감정은 지도다. 감정을 부정하면 방향을 잃는다."

표현할 때 우리는 비로소 지금 내가 어디에 있는지, 무엇이 필요한지, 무엇이 나에게 맞지 않는지를 알게 된다. 어느 상담 강의에서 한 강사가 물이 담긴 유리컵을 들어 보였다.

"이 컵은 지금 무엇을 하고 있을까요?"

사람들은 말했다.

"물을 담고 있습니다", "사용될 준비를 하고 있습니다."

강사는 미소 지으며 답했다.

"이 컵이 지금 하고 있는 일은 단 하나입니다. 존재하고 있다는 것. 그러나 사람은 표현하지 않으면 존재가 아니라 기능으 그 순간 나는 알았다. 표현하지 않는 사람은 기능으로 오해받고, 표현하는 사람은 존재로 인정받는다는 것을. 말이 서툴러도, 표현이 미숙해도 괜찮다. 그것은 내가 살아 있다는 증거이기 때문이다. 우리는 종종 ‘마음이 통하는 사람’을 기다린다. 그러나 마음은 기다림으로 통하지 않는다. 표현할 때 비로소 연결된다. 그래서 나는 이제 말한다. 좋을 때는 “좋다”, 고마울 때는 “고맙다”, 그리울 때는 “보고 싶다”, 동의하지 않을 때는 “나는 그 선택에 동의하지 않아”, 불편할 때는 “불편하다”라고 말이다.

표현은 관계를 무너뜨리지 않는다. 오히려 존중 위에 세워진 단단한 경계를 만든다. 표현은 돈이 들지 않지만, 마음의 가치를 높인다. 마음은 나눈다고 줄어들지 않는다. 오히려 더 넓어지고, 깊어지고, 성숙해진다. 혹여 누군가가 당신의 진심에 반응하지 않더라도 괜찮다. 표현은 상대를 위해서이기도 하지만 가장 먼저 나 자신에게 허락하는 행위이기 때문이다.

표현이 어렵다면 혼자 글로 시작해도 된다.
‘지금 나는 어떤 감정을 느끼고 있을까?’

글로 적힌 감정은 더 이상 마음속 미로에 갇히지 않는다. 그것은 형태를 갖고, 의미를 갖고, 나를 이해하게 만든다. 그리고 사람을 만날 땐 눈을 맞추고 미소 지어보자. 그 짧은 순간에도 연결은 시작된다. 심리학자 브레네 브라운은 말했다.

"취약함은 부족함의 증거가 아니라 진실함의 증거다."

표현은 결핍이 아니다. 표현은 자기 존재에 대한 신뢰다.

"지금의 나로 충분하다. 그래서 나는 표현할 수 있다."

지금도 나는 가끔 진심으로 표현했음에도 누군가에게 "무례했다"는 말을 듣는다. 그럴 때 나는 더 이상 나를 흔들지 않는다. 누군가에게는 무례로 보일 수 있고, 누군가에게는 진심이 닿을 수 있다. 나는 더 이상 모든 시선에 맞추어 해명하지 않는다. 있는 그대로를 내려놓는다.

말해도 된다. 흘러도 된다.

마음은 숨기기 위해 존재하는 것이 아니라 나누기 위해 존재한다.

오늘 단 한 번의 표현을 해보자.

"고마워."

"너 덕분에 좋았어."

"오늘 어땠어?"

그 한마디는 상대의 마음뿐 아니라 당신 자신의 마음도 함께 따뜻하게 할 것이다.

표현은 사랑이며 연결이고 살아 있다는 증거다.

그리고 무엇보다 표현은 당신이 당신을 다시 사랑하기 시작했다는 신호다.

까? 심리학에서는 이를 '자기 가치 조건화'라고 부른다. 어
릴 때 우리는 이런 말을 들으며 자랐다.

"말 잘 들어야 칭찬받지."

"성과가 있어야 인정받지."

"남에게 폐 끼치지 마."

그래서 마음 깊은 곳에 아주 단순하고도 단호한 문장이 반
복적으로 새겨졌다.

'받으려면 먼저 증명해야 한다.'

하지만 인간 발달 연구는 아주 명확하게 말한다. **사람은
존재하기 때문에 사랑받아야 한다. 그것은 노력의 결과가 아니
라 존재의 권리다.** 아기는 잘해서 사랑받는 게 아니다. 아기
이기 때문에 사랑받는다. 그 사실을 잊은 건 세상이 아니라
우리 자신이었다.

받는다는 것은 수동이 아니라 참여다. 받는 사람은 약한
사람이 아니다. 받는 사람은 이렇게 말할 수 있는 사람이다.
"나는 당신이 건네는 마음을 신뢰하겠습니다."
심리학자 칼 로저스는 말했다.
"인간이 성장하는 조건은 비판 없는 수용이 아니라 조건 없

는 존중이다."

받는다는 것은 곧 존중을 받아들이는 일이다. 존재를 허락하는 일이다. 그리고 관계 안으로 들어가는 일이다.

받음에는 반드시 두 가지 감정이 따라온다. 하나는 기쁨이고 다른 하나는 취약성이다. 우리가 받는 순간 마음속에는 이런 속삭임이 나타난다.

'이 친절이 사라지면 어떡하지?'

'지금은 날 좋아하지만 나중엔 실망할지도 몰라.'

'받으면 돌려줘야 하고 돌려주지 못하면 버림받는 걸까?'

이 감정은 이상한 것이 아니고 잘못된 것도 아니다. 이것은 인간의 아주 자연스러운 반응이다. 애착 심리학에서는 이를 '받음 이후의 불안'이라고 부른다. 사랑, 배려, 칭찬, 기회, 관심을 받는 순간 우리의 마음은 잠시 어린아이처럼 묻는다.

'정말 받아도 괜찮을까?'

그 질문은 부끄러운 것이 아니다. 오히려 치유 직전에만 나타나는 질문이다. 받을 자격이 있다는 감각은 느려도 반드시 돌아온다.

받지 못한다고 믿는 사람은 이렇게 생각한다.

'나는 그 정도 가치는 없어.'

'나는 그냥 조용히 살면 돼.'

하지만 받아들이기 시작하면 그 문장은 조금씩 바뀐다.

'나는 고맙다고 말할 수 있어.'

'나는 누군가의 마음을 누릴 수 있어.'

'나는 사랑받아도 되는 사람일지도 몰라.'

그리고 어느 날 아주 조용하지만 확실한 순간 그 문장은 이렇게 완성된다.

'나는 받을 자격이 있다.'

받는 법도 연습해야 한다. 아주 사소한 것부터 시작하자.

누군가 "예쁘다", "멋지다", "잘한다"라고 말하면

"고마워"라고 말하자.

누군가 도와주려 할 때

"그 마음이 참 따뜻해. 받을게"라고 말하자.

누군가 선물을 줄 때

"네 마음이 느껴져서 고마워"라고 말하자.

그리고 혼자 있을 때 이렇게 속삭인다.

'나는 받을 자격이 있다. 그리고 받아도 괜찮다.'

받은 후에 불안해지지 않아도 된다. 받으면 두려워지는 이유는 받은 것이 아니라 받은 후의 친밀감 때문이다. 받음은 관계를 가깝게 만든다. 그리고 가까워질수록 버림받을 가능성도 함께 떠오른다.

그래서 애착 연구자 메리 에인스워스는 말했다.

"사람은 사랑을 받을 때 두려움을 느낀다. 그 두려움을 통과할 때 비로소 안정이 완성된다."

그러니 불안해졌다면 이렇게 말해주자.

'괜찮아. 이 감정은 잘못이 아니라 관계가 열리고 있다는 신호야.'

그리고 받는 사람은 결국 주는 사람이 된다. 받음을 허락한 사람만이 진짜로 줄 수 있는 사람이 된다. 왜냐하면 텅 빈 마음은 나누지 못하고, 충만한 마음만이 흘려 줄 수 있기 때문이다. 받음은 끝이 아니라 시작이다.

받음 ▸ 충만 ▸ 순환 ▸ 나눔 ▸ 연결 ▸ 사랑

이것이 모든 관계, 모든 공동체 그리고 모든 생명의 리듬이다.

오늘 누군가 내게 건넨 친절, 미소, 말, 기회, 사랑은 우연이 아니다. 그건 이렇게 말하고 있다.

'너는 이제 받을 만큼 자란 사람이다.'

그러니 조용히 허락해 보자.

받아도 괜찮다. 받을 수 있다. 받을 자격이 있다.

그리고 언젠가 아주 자연스럽게 이렇게 말하는 날이 올 것이다. '나도 이제 누군가에게 건네고 싶어.'

30장 '나를 수용하고 사랑하기

실천의 장

하루가 끝날 무렵 우리는 종종 자신에게 얼마나 가혹했는지를 깨닫는다. 머릿속에서는 반복되는 작은 목소리들이 떠오른다.

'왜 또 이래?' '또 실수했잖아.' '나는 참 부족해.' '미쳤나 봐.'

이 말들은 겉으로는 사소해 보이지만 마음 깊은 곳에서는 나를 옥죄는 무게가 된다. 그럴 때 가장 먼저 해야 할 일은 비판을 멈추려 애쓰는 것이 아니라 그 비판의 존재를 알아차리는 일이다. 오늘 하루 동안 자신에게 던진 말들을 조용히 들어본다. 그리고 그 말 앞에 이렇게 덧붙여 본다.

'내가 나에게 이렇게 말했다.'

'내가 나에게 "너 부족해"라고 말했다.'

관찰자처럼 한발 물러나 지켜보는 것만으로도 비판의 힘은 조금씩 잦아든다. 그날 하루의 마음은 한결 가벼워지고 그 시작만으로도 자기 수용의 길은 이미 열리기 시작한다.

어느 마을에 늘 자신을 몰아붙이며 사는 사람이 있었다. 그는 남에게 폐를 끼치지 않으려 애썼고, 그 마음은 곱고 배려 깊었지만 때로는 스스로를 옭아매는 족쇄가 되었다. 길을 걷다 우유 통을 넘어뜨리면 속으로 자신을 질책했고, 시장에서 계산을 실수하면 곧바로 자신에게 화를 냈다.

'왜 이렇게 서툴까. 다른 사람들에게 민폐잖아.'

그런 날이면 밤에도 쉽게 잠들지 못했고 하루가 끝나기도 전에 마음이 먼저 지쳐버렸다.

그러던 어느 날 그는 마을 도서관에서 한 노인의 이야기를 들었다. 노인이 말했다.

"인생은 모두 각자의 속도로 흐른다네. 실수와 부족함은 인간이 살아가는 자연스러운 일부지. 자신을 너무 몰아붙이지 마시게. 스스로에게 관대해지는 법을 배워야 한다네."

그는 처음엔 그 말을 이해하지 못했다. 스스로를 다그치며 살아온 시간이 너무 길었기 때문이다. 하지만 그 말은 마음속에 작은 파문처럼 남았다.

그날 이후 그는 아주 작은 실천을 시작했다.

첫 번째 연습은 자기 비판을 관찰하는 것이었다.

‘너 부족해’라는 생각이 떠오를 때마다 그 앞에 한 문장을 덧붙였다. ‘내가 나에게 이렇게 말했다.’

그것만으로도 마음의 압박은 줄어들었다. 말은 더 이상 그를 짓누르지 않았고, 숨 쉴 공간이 생겼다.

두 번째 연습은 자신을 친구처럼 대하는 것이었다.

실수했을 때 가장 사랑하는 친구가 같은 상황에 놓였다고 상상했다. 그리고 그에게 해줄 말을 그대로 자신에게 건넸다.

‘괜찮아, 누구나 그래.’

‘너무 자신을 몰아세우지 마.’

‘큰일 아니야. 앞으로 더 잘할 수도 있지.’

처음에는 어색했지만 반복할수록 마음이 조금씩 풀어졌다. 민폐를 두려워하는 마음은 여전히 있었지만 이제 그것은 그를 옥죄는 족쇄가 아니라 자신을 배려하는 기준이 되었다.

세 번째 연습은 짧은 문장을 반복하는 것이었다.

불편한 감정이 올라올 때마다 그는 중얼거렸다.

'괜찮아. 이것도 나야.'

이 문장은 자기 합리화가 아니라 자기 인정을 연습하는 말이었다. 반복할수록 무의식 깊은 곳에 '나는 나를 거부하지 않는다'라는 믿음이 자리 잡기 시작했다.

그는 자기 비판을 이해로 전환하는 연습도 이어갔다. 비판이 올라올 때마다 세 단계를 거쳤다.

첫째, 비판의 말을 알아차린다. '또 실패했잖아.'

둘째, 그 밑에 깔린 감정을 느낀다. '사실은 실망했고, 두려웠구나.'

셋째, 스스로를 다독인다. '괜찮아. 그런 마음을 느낄 수 있어. 생각보다 큰일은 아니야.'

이 반복 속에서 마음은 점점 '안전하다'고 느끼기 시작했다. 그는 조금씩 중심을 잡았고 스스로를 지킬 수 있게 되었다.

하루가 끝날 무렵 그는 짧은 다독임 일기를 썼다.

오늘 자신을 위해 잘한 점 한 가지, 실수했지만 용서하고 싶은 점 한 가지 그리고 가장 사랑하는 사람에게 해주고 싶은 말을 자신에게 건네는 한 문장. 이 기록은 단순한 일기가 아니라 자기 수용 연습이었다. 반복할수록 그는 더 이상 움츠러들지 않았고 자신의 중심에서 선택하며 살아갈 수 있게 되었다.

우리는 종종 스스로에게 지나치게 냉정하다. 조금만 흔들려도 자신을 벌하듯 몰아붙이고 '이 정도는 했어야지'라는 말로 마음을 벼랑 끝으로 몰아넣는다. 그러나 인간의 마음은 기계처럼 오류 없이 작동하도록 만들어지지 않았다. 우리는 실수하며 배우고, 넘어지며 성장한다.

얼마 전 나는 프랑켄슈타인의 이야기를 현대적으로 재해석한 작품을 보았다. 그 속의 존재는 처음부터 괴물이 아니었다. 그는 살아 있고 싶었고, 연결되고 싶었으며, '존재해도 되는 존재'라는 확신을 원했을 뿐이다. 그러나 그는 완전하지 않다는 이유만으로 거절당한다.

그 장면 앞에서 나는 멈춰 섰다.

'혹시 내가 나를 그렇게 대하고 있지는 않았을까?'

부족해 보일 때, 감정이 엇나갈 때, 나는 스스로에게 존재의 자격을 조건부로 걸어두고 있었는지도 모른다. 작품은 조용히 묻는다.

"누가 존재의 가치를 승인하는가?"

그리고 답은 분명했다.

존재는 허락받는 것이 아니라 이미 정당하다.

"나는 존재한다. 그 사실 자체로 충분하다."

이 문장은 자기 수용 선언이다. 심리학에서는 이를 자기 존재 수용이라 부른다. 그것은 나를 좋아하겠다는 다짐이 아니라 나를 거부하지 않겠다는 태도다. 그 태도가 자리 잡을 때 내면은 조금씩 안전해진다.

자기 수용은 거창한 선언에서 시작되지 않는다. 아주 작은 순간들에서 시작된다. 비판이 올라올 때 그것을 끊어내는, '지금의 나도 사랑받아도 돼'라는 조용한 동의가 필요하다.

하루의 끝에 나에게 '오늘의 나는 충분했어'라는 말을 건네보자. 이 말들이 나를 단번에 바꾸지는 않는다. 그러나 이 말들이 쌓일 때 나는 나를 벌하는 대신 나와 함께 살아가는 법을 배운다. 조금 흔들리고, 조금 부족하고, 조금 서툴더라도 그 모든 나와 동행하며 살아가는 법을 말이다.

그리고 마침내 알게 된다.

나를 수용하고 사랑하는 마음이야말로
삶을 온전히 살아가게 하는 가장 깊은 힘이라는 것을.

31장 '나와 너의 빛은 다르다

비교 대신 존중으로 바라보기

옛날 한 마을에 서로 다른 등불 두 개가 있었다.

하나는 높이 솟은 등대로, 멀리서도 보이는 강한 빛으로 수많은 사람들의 길을 안내했다. 사람들은 그 빛을 바라보며 감탄했고 등대는 늘 칭송의 중심에 있었다.

다른 하나는 골목길을 비추는 작은 등불이었다. 아이들이 집으로 돌아오는 길, 노인이 발을 헛디디지 않도록 살피는 길, 새벽을 여는 빵집 주인의 손을 조용히 밝혀주던 빛. 누구도 크게 주목하지 않았지만, 그 등불은 하루의 가장 가까운 삶을 지켜내고 있었다.

작은 등불이 어느 날 스스로에게 물었다.

'저렇게 크고 눈부신 빛이 있는데 나는 없어도 되는 건 아닐까?'

그러자 폭풍우가 몰아치던 밤 등대가 말했다.

"내 빛은 바다를 비추지만, 너의 빛은 사람을 비춘다. 나는 멀리 있는 이들에게 길을 알려주고 너는 가까이에 있는 이들의 발을 지켜준다. 빛의 가치는 크기가 아니라 어디에 닿느냐로 정해진단다."

그제야 작은 등불은 깨달았다. **빛은 비교로 평가되는 것이 아니라 삶과 만나는 방식으로 존재한다는 것을.**

이 우화는 비교에 흔들리던 마음에게 건네는 조용한 위로다. 우리는 종종 타인의 빛 앞에서 스스로를 작게 느낀다. 그러나 비교는 인간의 결함이 아니라 본능이다.

사회심리학자 리언 페스팅거가 말했듯이 **인간은 자기 위치를 확인하기 위해 타인을 참고하도록 만들어진 존재다. 문제는 비교 자체가 아니라 그 비교로 자신을 축소할 때 시작된다.**

나 역시 한때 타인의 능력과 성취를 보며 쉽게 위축되었다. 학력, 언어, 경력 앞에서 '내가 이 자리에 있어도 되는 사람일까'라는 의심이 나를 붙잡았다.

그러나 비교에서 벗어나 다양성의 관점으로 세상을 바라보게 되었을 때 나는 타인의 성취를 위협이 아닌 경이로움으로 바라볼 수 있게 되었다. 그들의 길을 존경하면서도 나만의 결로 살아온 삶에 조용한 만족을 느끼게 되었다.

비교심과 질투 역시 억눌러야 할 감정이 아니다. 그것은 '나도 빛나고 싶다'라는 신호다. 정신분석가 멜라니 클라인이 말마따나 질투는 파괴 이전에 창조적 잠재성의 징후일 수 있다. 인정받지 못한 감정은 자기 비난으로 흐르지만, 인식된 감정은 나를 움직이는 에너지가 된다.

SNS 또한 마찬가지다. 그것은 비교의 장이 아니라 표현의 공간이 될 수 있다. **타인의 삶을 재는 저울이 아니라 나의 감각과 기록을 남기는 창이 될 때 SNS는 오히려 나를 지지하는 도구가 된다.**

비교가 가장 고통스러울 때는 언제나 나의 기준을 잃었을 때다. 타인의 속도로 나를 재고 남의 방향으로 나를 몰아갈 때 삶은 무거워진다. 그러나 삶은 속도가 아니라 방향이다. 대나무가 오랜 시간 땅속에서 자라다 한순간 하늘로 뻗듯 사람의 성장에도 각자의 리듬이 있다. 빠름과 느림은 우열

이 아니라 결의 차이다.

그때 스스로에게 이렇게 물어보면 좋겠다.

'나는 지금 나의 기준으로 살아가고 있는가?

이 길은 내가 진심으로 원하는 방향인가?'

비교가 녹아내린 자리에 남는 감정은 '존중'이다. 존중은 타인을 평가하지 않고 그 사람의 삶에 피어난 고유한 결을 바라보는 태도다. 타인의 가치를 인정할 줄 아는 사람은 결국 자기 가치도 자연스럽게 인정하게 된다.

우리는 모두 각자의 색으로 강렬하게, 잔잔하게 혹은 투명하게 세상을 비춘다. 빛의 세기보다 중요한 것은 그 빛이 '진짜 나'로부터 나왔느냐다.

이제 이렇게 말해도 좋겠다.

그 사람의 빛도 아름답고 나의 빛도 충분히 소중하다고.

32장

'마음이 힘들 땐 도움을 받아도 괜찮다

몸이 아플 때 우리는 자연스럽게 병원을 찾는다. 감기에 걸리면 내과에 가고, 뼈가 부러지면 정형외과 치료를 받는다. 그 누구도 그것을 약함이나 실패로 여기지 않는다. 그런데 마음이 아플 때는 다르다. 불면과 무기력, 숨 막히는 불안과 설명할 수 없는 초조함이 찾아와도 우리는 이렇게 말한다.

'내가 예민해서 그렇겠지.'

'조금만 참으면 괜찮아질 거야.'

심지어 상담이나 정신과 치료를 받는 일을 약점이나 수치로 여기는 시선도 여전히 존재한다. 그러나 마음의 통증 역시 몸의 통증과 다르지 않다. 마음이 부러졌을 때 도움을 받는 것은 부끄러운 일이 아니라 자신을 깊이 아끼고 책임지는 사람의 선택이다.

WHO(세계보건기구)는 정신 건강을 이렇게 정의한다.

"정신 건강이란 단지 질병이 없는 상태가 아니라 개인이 자신의 잠재력을 인식하고 스트레스를 건강하게 다루며 삶을 살아갈 수 있는 상태다."

즉, 치료는 약함의 증명이 아니라 삶이 다시 기능하도록 돕는 회복의 과정이다.

마음의 상태는 스마트폰과 닮았다. 비에 젖은 스마트폰을 '조금 말리면 괜찮겠지'라고 생각하며 계속 사용하다 보면, 겉보기엔 멀쩡해 보여도 시스템은 점점 오류를 일으킨다. 결국 전문가의 손길이 필요해진다. 기술자는 말한다.

"이건 완전한 고장이 아니라 도움이 필요한 상태입니다."

마음도 마찬가지다. 감정의 습기와 충격이 오랫동안 쌓이면 스스로 버티는 것만으로는 회복되지 않는다. 그때는 인내가 아니라 전문적인 도움이 필요하다.

정신과의 도움은 나약함의 증거가 아니라 용기의 증거다. 공황발작, 불면, 강박적 사고, 반복되는 부정적 생각 속에서 길을 잃었다면 도움을 받는 일은 선택이 아니라 지혜다. 하버드 의대 정신의학자 브렌트 포어맨은 이렇게 말한다.

"치료를 선택한다는 것은 문제가 있다는 선언이 아니라 나자신을 포기하지 않겠다는 선언이다."

약물치료 역시 마찬가지다. 약은 감정을 없애는 도구가 아니라 감정이 다시 움직일 수 있도록 균형을 회복하는 조율 장치다. 혈압약을 먹는 사람이 약한 사람이 아니듯 항우울제나 항불안제를 복용한다고 해서 약한 존재가 되는 것은 아니다.

나 역시 약물 치료를 경험했다. 과거에 혼자 버텨보려 애쓴 시간도 있었다. 하지만 결국 공황과 불면, 신체화 증상은 더 깊어졌다. 그제야 나는 내 상태를 인정하고 다시 도움을 받기로 했다. 약을 의존이 아닌 회복의 보조 장치로 바라보기 시작했다.

그 시간 동안 나는 운동을 했고, 식습관을 돌봤고, 나를 성장시키는 사람들과 연결되며 삶을 이어갔다. 그 결과 마음의 여유가 돌아왔고, 관계는 부드러워졌으며, 다시 누군가를 향해 마음을 열 수 있는 힘이 생겼다. **중요한 것은 약을 먹느냐의 문제가 아니라 그 과정에서 나를 버리지 않는 태도였다.**

상담을 받는 것도, 약을 복용하는 것도, 운동을 하는 것도 모두 지극히 정상적인 자기 돌봄이다. 병든 사람만의 선택이 아니라 자신을 존중하는 사람이 취하는 행동이다. 심리학자 칼 융은 말했다.

"의식하지 않은 고통은 계속해서 삶을 지배한다. 우리는 그것을 운명이라 부른다."

치료는 내가 무너졌다는 증거가 아니다. 더 이상 고통을 방치하지 않겠다는 성숙한 선언이다.

회복은 혼자일 때보다 함께할 때 깊어진다. 약물은 뇌의 균형을 돕고, 운동은 에너지를 순환시키며, 자기 이해는 방향을 밝히고, 자기 수용은 마음을 안전하게 감싼다. 이 네 가지가 함께 움직일 때 회복은 위기 극복을 넘어 삶의 재구성이 된다.

브레네 브라운은 말한다.

"우리는 혼자 살아남을 수 없다. 우리는 연결될 때 치유된다."

어느 순간 우리는 이렇게 깨닫게 된다.

'아, 나는 다시 살아가고 있구나.'

마음이 힘들 때 도움을 요청하는 사람은 무너진 사람이 아니다. 이미 회복을 선택한 사람이다. 그러니 기억하자.

당신은 아파도 괜찮고, 도움을 받아도 괜찮으며,
회복될 자격이 있다.

그리고 무엇보다, 당신은 혼자가 아니다.

33장 '닮고 싶은 사람을 따라가다 길을 잃을 때

나로 돌아오는 조용한 귀환

살다 보면 누구나 마음속에 오래 머무는 한 사람을 만나게 된다. 말투는 또렷하고, 태도에는 망설임이 없으며, 존재감은 단단해 보이는 사람.

그를 보며 '저렇게 되고 싶다'라는 마음이 든다. 그 감정은 잘못이 아니다. 오히려 성장의 시작이다.

문제는 그다음이다. 나는 어느 순간부터 그 사람의 말투와 행동, 세상을 바라보는 방식까지 그대로 가져오려 했다. 그러는 사이 내 안의 목소리는 작아지고 감각은 흐려졌다. 성장하고 있다고 믿었지만, 사실은 나라는 존재의 색을 조금씩 잃고 있었다.

우리는 흔히 뛰어난 사람을 따라가면 발전한다고 생각한다. 그러나 지나친 동경은 또 다른 형태의 자기 상실이 된다. **존재는 고정된 틀이 아니라 흐르고 변화하는 생명이다.** 그럼에도 나는 나를 한 사람의 형태에 고정시키려고 했고, 그 순간부터 나의 세계는 좁아지기 시작했다.

어느 숲에 거울 수천 개가 나무처럼 서 있었다. 그 숲에 들어간 사람은 누구나 자신이 닮고 싶은 모습이 비치는 거울을 발견했다. 한 소년은 가장 화려하게 빛나는 거울 앞에 멈춰 섰다. 그는 그 모습처럼 걷고, 말하고, 표정까지 바꾸기 시작했다. 그러자 다른 거울들은 하나둘 왜곡되었고 어느 순간 어떤 거울에서도 진짜 자신의 얼굴이 보이지 않게 되었다. 그때 숲이 속삭였다.

"네가 찾는 모습은 바깥 거울이 아니라 네 안의 거울 속에 있단다."

소년이 눈을 감자 거울들은 잠잠해지고 자신의 호흡만이 남았다. 그제야 그는 깨달았다. 거울들이 보여주던 것은 '완성된 나'가 아니라 '가능성의 한 조각'이었음을. 눈을 뜨자 완벽하지 않지만, 편안한 자신의 얼굴이 보였다. 소년은 그 얼굴로 숲을 걸어 나왔다. 선망에는 언제나 빛과 그림자가 함께 있다. 좋은 스승과 책, 훌륭한 태도는 우리의 가능성을 깨운다. 그러나 그것이 비교로 바뀌는 순간 에너지는 독이 된다. "나는 아직 멀었어"라는 말은 겸손이 아니라 자기 삭제다. 중심이 흔들리면 나의 기준은 쉽게 무너진다. 나 역시 타인의 재능과 자신감을 보며 뒤처지고 있다는 감각에 사로잡혔다. 그 순간부터 나의 목소리는 낮아지고 선택은 남의 기준에 맞춰 조정되기 시작했다. 진화하는 존재를 한 사람에게 고정시키려고 했으니 흔들리는 것은 당연했다.

비교에서 빠져나오는 회복의 기술 네 가지를 다음과 같이 소개한다.

비교의 순간을 알아차리기. '지금 내가 비교하고 있구나.' 이 자각만으로도 중심으로 돌아오는 문은 열린다.

존경은 복제가 아니라 참고로 두기. 방향은 배울 수 있지만, 존재는 베낄 수 없다.

나만의 기준 세우기. 하루의 선택, 말의 방향, 가치의 좌표가 내 안에서 나오기 시작할 때 나는 나만의 흐름을 갖게 된다.

조용히 나의 성장을 축하하기. 남과 비교하지 않는 성장은 느려 보여도 훨씬 깊다. 성장의 끝에는 반드시 내가 있어야 한다.

이 글의 핵심은 타인을 부정하라는 말이 아니다. 타인은 여전히 경이롭고, 배울 만하며, 존중받아 마땅하다. 다만 내 중심을 지킨 채 바라볼 때 그 경이로움은 독이 아니라 약이 된다. 이제 나는 이렇게 생각한다.

'저 사람의 아름다움은 그 사람의 것이고 나의 아름다움은 나에게 있다.'

우리는 모두 각자의 하늘을 가진 존재다.

누군가의 방식으로 살려 할 때 삶은 숨이 막히고 나의 방식으로 살 때 비로소 숨을 쉰다. 닮고 싶은 사람을 따라가다 길을 잃었다면 그것은 실패가 아니라 나에게 돌아오기 위한 신호다.

그리고 어느 날 문득 깨닫게 된다.

타인의 얼굴을 좇을 때 보이지 않던 길이 나의 얼굴로 돌아오는 순간 선명하게 열린다는 것을.

나는 이제 누구의 그림자도 밟지 않는다.

그러나 누구의 빛도 거부하지 않는다.

그저 나만의 리듬으로, 나만의 걸음으로, 조용히 그러나
꾸준히 나의 삶을 살아갈 뿐이다.

34장

'소외감으로부터 자유로워지는 법

함께 있으면서도 나를 잃지 않는 힘

나는 종종 사람들 속에 있으면서도 외로움을 느낄 때가 있었다. 대화가 오가고 웃음소리가 흐르는데, 내 마음만 그 안에 들어가지 못한 채 어딘가 바깥에 서 있는 느낌. 그 순간 말수는 줄고, 몸은 작아지며, 마음 한구석이 조용히 쓸쓸해진다. 이것이 바로 소외감이다. 흥미롭게도 소외감이 실제로 타인에게 배척당해서 생기는 경우는 많지 않다. 심리학자 조너선 하이트는 소외감을 자의식 과잉과 자기 수용의 결핍에서 비롯된 사회적 감정이라고 설명한다.

'나는 어울리지 못하는 사람일까', '내가 불편하게 보이진 않을까?'

이런 생각들이 현실과 나 사이에 보이지 않는 벽을 세운다.

신경과학 연구에 따르면, 사회적 배척이나 고립을 느낄 때 인간의 뇌는 실제 신체 통증과 유사한 반응을 보인다. 소외감은 나약함의 증거가 아니라 뇌가 "지금 나는 안전하지 않다"라고 보내는 생리적 신호다.

이 감정은 종종 자의식 과잉에서 강화된다. 우리는 타인의 시선을 과도하게 의식하며 표정 하나, 말투 하나까지 분석한다. 하버드대학교의 연구에 따르면 자의식이 높을수록 사람들은 실제보다 더 자신이 어색해 보인다고 느끼는 경향이 있다. **즉, 소외된 것이 아니라 내 마음이 나를 스스로 소외시키는 것이다.**

철학자 알랭 드 보통은 이렇게 말했다.

"인간의 불안과 고립감은 자기 내면과 멀어질수록 커진다."

따라서 소외감에서 벗어나는 첫걸음은 타인의 시선에서 벗어나, 다시 내 마음의 중심으로 돌아오는 일이다.

그럴 때 가장 먼저 할 수 있는 일은 아주 단순하다. 사람들 속에서 잠시 숨을 고르고 마음속으로 이렇게 말해보는 것이다.

'나는 여기에 있다. 내 자리는 이미 충분하다.'

이 문장은 작지만 강력하다. 누군가 나를 알아주지 않아도 내가 나를 느끼는 순간 이미 연결은 시작된다.

소외감의 뿌리에는 '나는 다르다'라는 불안이 있다. 하지만 그 다름이야말로 나의 고유한 결이다. 우리는 모두 어울리기 위해 태어난 존재가 아니라 각자의 색으로 존재하기 위해 이 세상에 왔다. 말투, 생각, 리듬, 취향 등 모든 것이 나만의 언어다. 내가 나를 인정할 때 사람들은 그 자연스러움에 끌린다. 소외감은 서서히 옅어지고 대신 조용한 존재감이 자리 잡는다.

이런 우화가 있다. 한 마을에 다른 새들과 날갯짓이 다른 새가 있었다. 그는 늘 혼자인 듯 보였지만 자신의 방식대로 날았다. 어느 날 폭풍우가 몰아쳤을 때 다른 새들은 혼란에 빠졌지만, 그 새는 자신만의 리듬으로 바람을 타고 안전하게 날아올랐다. 결국 다른 새들은 그의 방식에 감탄하며 함께 날기 시작했다. 그의 '다름'은 소외가 아니라 모두를 이끄는 힘이었다.

자의식 과잉에서 비롯된 소외감을 다루기 위해 두 가지 태도가 필요하다.

첫째, 관찰자가 아니라 주체로서의 나로 돌아오는 것이다.

'지금 나는 나답게 존재하고 있는가?' 이 질문이 타인의 시선을 밀어내고 나와의 연결을 회복시킨다.

둘째, 작은 행동으로 스스로를 검증하는 것이다.

긴장되는 순간에도 '나는 나답게 있어도 된다'라는 문장을 마음속에 두고 아주 작은 행동 하나를 해본다. 심리학자 앨버트 밴두라는 이러한 경험이 자기 효능감을 높이고 불안과 소외감을 줄인다고 말했다.

그리고 한 가지 더 중요한 요소가 있다. **존경과 감사의 마음이다.** 함께 있는 사람들을 향해 '이들과 이 자리에 있음이 고맙다'라는 마음을 품는 순간 시선은 바깥으로 흔들리지 않는다. 브레네 브라운은 말한다.문다

"진정한 연결은 나 자신과 타인 모두에게 용기를 내 마음을 열 때 시작된다."

그리고 소외감은 꼭 없애야 할 감정이 아니다. 그것은 나에게로 돌아오라는 신호다. 그 신호를 무시하지 않고 부드럽게 안아줄 수 있을 때 우리는 더 이상 소외되지 않는다.

진짜 연결은 타인에게서 시작되지 않는다.

나 자신과의 연결 그리고 존경과 감사가 깃든 시선에서
시작된다.

'나는 이미 연결되어 있다. 내가 나의 충분함을 느끼고
함께하는 이들에게 진심을 건넬 때 세상은 다시 나와
이어진다.'

35장 ‘성적 에너지에 대한 새로운 이해

생명의 불씨를 창조로 전환하는 법

우리 대다수는 성에 대해 솔직하게 배울 기회 없이 자라왔다. 학교에서는 충분히 가르쳐주지 않았고, 가정에서는 쉬쉬했으며, 사회는 그것을 금기로 다뤘다. 그래서 자연스럽게 일어나는 호기심마저 "나쁜 생각", "부끄러운 욕구"로 오해되곤 했다. 나 역시 그랬다. 누군가에게 끌리는 마음이나 몸이 보내는 신호 앞에서 스스로를 의심하며 수치심을 느끼기도 했다.

하지만 배움과 경험을 통해 깨닫게 되었다. 우리가 억제하거나 숨겨야 한다고 배워온 그것이야말로 생명의 가장 순수한 에너지라는 사실을. 성적 에너지는 음란함의 산물이 아니라 살아 있다는 가장 분명한 증거다. **우리가 이 세상에 존재한다는 사실 자체가 성적 에너지의 결과이기도 하다.**

문제는 에너지 자체가 아니라 그것을 바라보고 다루는 방식에 있다. 성적 에너지는 방향을 잃으면 충동으로 흐르지만, 의식의 빛을 만나면 창조와 몰입, 예술과 사랑, 영감으로 전환될 수 있다. 욕망이 많다고 해서 잘못된 것이 아니며, 적다고 해서 부족한 것도 아니다. 그것은 각자의 몸이 표현하는 고유한 생명의 흐름일 뿐이다.

고대 수행자들은 이를 "에너지 전환"이라 불렀다. 억제도 방치도 아닌, 방향을 바꾸는 지혜다.

옛날 한 도공이 있었다. 그는 도자기를 굽는 불이 두려워 늘 약한 불로 작업했다. 그 결과 도자기는 제대로 구워지지 않았다. 어느 날 산중에서 만난 노인이 이렇게 말했다.

"두려워할 것은 불이 아니라, 불을 두려워하는 마음이네. 불은 그 자체로 순수하다네. 방향을 잡아주면 창조가 되고 겁내면 파괴가 되지."

그날 이후 도공은 불을 억누르지 않고 무작정 키우지도 않았다. 불의 리듬을 느끼며 도자기 속으로 부드럽게 안내했다. 그렇게 구워진 도자기는 단단했고 생명력이 있었다. 그는 깨달았다. **무서운 것은 불이 아니라 다루지 못하는 자신의 마음이었다는 것을.**

성적 에너지도 마찬가지다. 억압하면 두려움이 되지만 받아들이고 흐름을 바꾸면 창조의 열이 된다. 이 에너지는 주로 하복부에 머물며, 머리로 올라가면 아이디어가 되고 가슴으로 올라가면 사랑과 영감으로 변한다.

성적 에너지는 "무언가를 만들어내고 싶은 본능"이다. 억누르면 불편함이나 충동으로 쌓이지만, 방향을 주면 강력한 창조력으로 발현된다. 욕망이 강하게 느껴질 때 글을 쓰거나 운동을 하고 무언가를 만들어보라. 그 순간 몰입의 깊이는 놀라울 만큼 깊어진다.

나 역시 에너지가 크게 치솟는 시기에 글을 쓰고, 달리고, 수영하고, 공간을 정리한다. 그러면 에너지는 불편한 충동이 아니라 살아 움직이며 무언가를 만들어내는 힘이 된다.

중요한 것은 죄책감 없이 받아들이는 일이다. 성욕은 정상적이며 건강한 생명력이다. 억누르거나 수치심으로 가둘수록 그것은 그림자처럼 뒤틀려 나타난다. 그러나 빛 아래 놓인 욕망은 자연스럽고 부드럽다. 욕망은 나쁜 것이 아니라 살아 있음 자체다.

에너지가 크게 올라올 때 충동적인 반응 대신 몸을 움직여 보자. 걷기, 샤워, 설거지, 정리 같은 작은 행동의 전환만으로도 흐름은 빠르게 바뀐다. '이 에너지는 내가 좀 더 깊이 사랑하고 싶다는 신호구나'라고 해석해도 좋다. 그리고 그 불씨를 글쓰기, 운동, 예술, 미래 설계 같은 자신만의 통로로 흘려보내 보자.

또 한 가지 중요한 사실이 있다. 성적 에너지가 반드시 전환되어야만 하는 것은 아니다. 신뢰할 수 있는 상대와의 건강한 성적 친밀감 역시 자연스럽고 소중한 해소 수단이다. 사랑하는 사람과의 성적 만남은 단순한 욕구 해소가 아니라 서로의 생명력을 나누는 깊은 교류다.

안정된 관계 속에서의 성적 표현은 마음을 연결하고 긴장을 풀며 관계에 영양분을 준다. 전환도 선택지이고 나눔도 선택지다. 어느 쪽도 부끄럽지 않고 지극히 정상적이다. 중요한 것은 억압이 아니라 의식적인 선택, 도망이 아니라 존중과 자각이다.

 성적 에너지는 억제할 대상이 아니라 살아 있는 원료다.
그 힘을 두려워하지 않을 때 우리는 더 넓은 나로 확장된다.
창조하고, 사랑하고, 몰입하고, 누군가와 온전히 연결될 수
있다. 그 에너지는 때로는 글이 되고, 운동이 되고, 예술이
되며, 때로는 사랑하는 사람과의 깊은 숨결이 된다.

나는 이제 안다.

성적 에너지는 충동이 아니라 창조의 숨결이라는 것을.
그리고 그 숨결을 어떻게 사용할지는 온전히 나와
우리가 선택할 수 있다는 것을.

36장

'이해받고 싶은 마음과 증명하려는 나

예전의 나는 억울하거나 오해를 받을 때마다 자연스럽게 증명하려는 마음이 올라왔다. 내가 얼마나 노력했는지, 얼마나 많은 성과를 냈는지 보여주고 싶었다.

'이걸 설명하면 알아주겠지.'

'이 정도면 내 가치를 인정해 주겠지.'

그러나 증명하려는 마음이 커질수록 숨은 점점 가빠졌고 마음은 무거워졌다. 누군가 내 가치를 이해하지 못하면 공허함과 답답함이 나를 압도했다. 설명하고 해명해야 하는 상황이 반복될수록 나는 문득 끊임없이 나를 증명하려 애쓰는 자신을 발견했다.

그때 깨달았다. 나를 증명하든, 증명하지 않든 나 자신에 대한 확신과 신뢰가 있다면 증명은 더 이상 필수가 아니다. 인정은 애써 쥐어 짜내는 것이 아니라 필요한 순간 자연스럽게 다가온다.

나는 스스로에게 물었다.

'정말 증명해야만 내가 충분하다고 느낄 수 있을까?'

'누가 나를 알아보지 않아도 나는 여전히 가치 있는 존재일까?'

답은 분명했다.

이해받고 싶고 인정받고 싶은 마음은 지극히 정상적이다. 억울함, 서운함, 분노, 답답함 역시 내가 살아 있고 나를 지키려는 정상적인 신호다. 중요한 것은 그 마음을 부정하지 않되 그 마음에 나의 가치를 맡기지 않는 것이다.

현대 사회는 끊임없이 비교를 부추긴다. SNS에는 성취, 여행, 행복의 장면들이 넘쳐난다. 우리는 묻게 된다.

'나는 잘 살고 있는 걸까?'

그리고 그 질문은 곧 증명해야 한다는 압박으로 변한다.

나 역시 그 강박 속에 살았다. 겉으로는 웃고 있었지만, 마음속에서는 끊임없이 기준을 맞추고 점수를 매겼다. 그러나 보여주기 위한 성취와 인정은 내 안의 불안을 잠재우지 못했다. 오히려 삶의 에너지를 갉아먹었다.

심리학 연구에 따르면, 사회적 비교는 일시적인 보상을 주지만 지속적인 불안과 스트레스를 높인다. 외부의 인정에 기대어 자신을 증명하려 할수록 마음은 더 불안정해진다. 반대로, 내면의 기준으로 삶을 평가할 때 우리는 안정적인 만족과 평화를 경험한다.

한 마을에 '거울 시장'이 있었다. 사람들은 거울에 자신의 성취를 비추며 점수를 매겼다. 하지만 아무리 높은 점수를 받아도 늘 더 높은 점수는 존재했다. 결국 그들이 느낀 것은 만족이 아니라 허전함이었다. **증명하지 않아도 이미 충분하다는 감각을 잃었기 때문이다.**

탈무드에 따르면

"행복은 남에게 보여주는 것이 아니라 스스로 느끼는 것이다."

잘살고 있다는 증명은 타인에게 보여주는 것이 아니라 나 자신에게 건네는 신뢰다. **오늘 내가 나답게 선택했는지, 소중한 사람과 시간을 보냈는지, 나에게 필요한 휴식을 허락했는지. 그것 자체가 충분한 증명이다.**

'괜찮아. 증명해도 괜찮고 증명하지 않아도 괜찮아.'

'이해받고 싶어도 괜찮고 이해받지 못해도 괜찮아.'

그 문장 하나가 삶을 좀 더 가볍고 자유롭게 만든다. 오해와 억울함 속에서도 나는 나를 잃지 않고 나의 중심에서 걸을 수 있다.

이 글을 읽는 당신에게도 전하고 싶다. 당신이 느끼는 흔들림과 서운함, 이해받고 싶은 마음은 지극히 정상적이다. 그 마음을 밀어내지 말고 그대로 안아주기를 바란다.

오늘, 이렇게 말해보자.

"나는 증명해도 괜찮고, 증명하지 않아도 괜찮다. 누가 나를 이해하지 못하더라도, 나는 나를 믿고 이해한다. 그리고 나의 삶은 지극히 정상적이다."

그 한 문장이 마음에 작은 평화를 남길 것이다.

37장

'일터를 놀이터로 바꾸는 마음 그리고 하루가 주는 선물

아침 공기는 늘 조금 차갑다. 계절 때문만은 아니다. 알람이 울리고 눈을 뜨기 직전에 이런 생각이 스친다.

'오늘도 억지로 견딜 것인가, 아니면 조금 다르게 살아볼 것인가?'

우리는 오랫동안 일터를 '버텨야 하는 곳'으로 배워왔다. 월요일은 벌칙처럼 느껴지고 금요일은 도착해야 할 안식처가 된다. 많은 사람이 그렇게 하루의 절반을 기다림과 피로 속에서 흘려보낸다.

그러다 어느 날 마음속에서 조용한 질문 하나가 올라왔다.

'왜 나는 이렇게 귀한 하루를 늘 가고 싶지 않은 곳으로 보

내고 있을까?'

그 순간 하루라는 시간이 다시 보이기 시작했다. 하루는 누구에게나 단 한 번 주어지고, 어떤 하루도 다시 돌아오지 않는다.

그래서 아주 작은 결심을 했다.

'오늘만큼은 선물처럼 살아보자.'

그 첫 번째 마음이 이 말이었다.

'오늘은 내가 이 일터의 대표다.'

대표라는 말은 책임만을 뜻하지 않는다. 대표는 애정을 가진 사람이다. 공간을 돌보는 마음으로 바라보면 낡은 책상도 종이컵도, 늘 보던 동료의 얼굴도 오래된 지인처럼 다정하게 보인다. 그러자 일하는 하루마저도 선물처럼 느껴지기 시작했다. 출근은 생계를 위한 억지가 아니라 '오늘이라는 선물'을 여는 첫걸음이 되었다.

물론 모든 날이 가볍지만은 않다. 사람은 지치고, 업무는 쌓이고, 귀가가 늦어지는 날도 있다. 그럴 때 나는 두 번째 마음을 꺼낸다.

'오늘 이곳은 나의 놀이터다.'

놀이터는 가벼움이 아니라 자유다. 잘해야 한다는 압박 대신, 해볼 수 있다는 여유가 깃든 마음이다. 실수해도 괜찮고, 다시 해보면 되는 마음. 그 마음으로 하루를 바라보면 일은 짐이 아니라 경험이 된다. 고객 응대는 오늘의 미션이 되고, 회의는 아이디어가 태어나는 공간이 되며, 동료는 함께 성장하는 여행의 동반자가 된다. 그렇게 업무는 단순한 노동이 아니라, 기품이 깃든 창조의 시간이 된다.

어느 숲 가장자리에 주인도 떠나고 손님도 떠난 지 오래된 찻집이 있었는데, 어느 날 낙엽만 가득 쌓인 그 적막한 문을 작은 여우가 살짝 열며 혼잣말을 흘렸다.

'오늘은 내가 이 가게의 대표가 되어볼까? 그리고 이곳을 나만의 놀이터라고 생각해 볼까?'

여우는 놀이하듯 움직였다. 먼지를 털며 리듬을 만들고, 찻잔을 정리하며 퍼즐을 맞출 때처럼 집중했다. 찻잎을 섞어 새로운 향을 만들다 혼자 웃기도 했다. 그러자 하나둘 손님이 찾아왔다.

"오늘 이곳이 참 좋아 보여서요."

그날 밤 여우는 알았다. 선물은 누군가가 주는 것이 아니라 마음으로 받아들일 때 비로소 선물이 된다는 것을.

우리는 종종 잊는다. 일할 수 있다는 사실 자체가 축복이라는 것을. 누군가는 아직 일을 찾지 못했고, 누군가는 몸이 따라주지 않아 이 자리에 설 수 없다. 지금의 일터에는 그동안의 준비와 노력, 선택의 시간이 모두 담겨 있다.

그러니 오늘 일할 수 있다는 사실은 당연한 일이 아니라 큰 선물이다. 반복되는 업무도, 때로 버거운 관계도 사실은 이렇게 말해준다.

'나는 아직 살아 있고, 무언가를 만들며, 누군가와 연결될 수 있는 사람이다.'

이보다 값진 증거가 또 있을까.

오늘의 하루를 이렇게 불러본다.

> '대표처럼 아끼고, 아이처럼 놀며, 사람답게 살아낸 하루.'
>
> 그 하루가 내 삶을 좀 더 빛나게 만든다.

38장

'존경으로 세상을 맞이하는 마음

어느 날 문득 깨달았다. 세상을 대하는 내 마음의 시작점이 흔들리고 있었다는 것을. 나는 사람을 만날 때마다 무의식적으로 저울을 들고 있었다. 겉모습, 말투, 행동, 외모, 사회적 위치를 빠르게 판단하고 비교하며 내 안의 불안을 상대에게 투사하고 있었다.

그 시절의 나는 나 자신을 존중하지 않았다. 스스로의 가치와 시간을 존중하지 못했기에 타인을 바라보는 시선 또한 불안했고, 작은 말과 행동에도 쉽게 흔들렸다.

그러던 어느 순간 나는 나를 있는 그대로 존중하기로 결심했다. 그 선택 하나로 세상을 바라보는 방식이 달라지기 시작했다. 사람을 먼저 판단하지 않고, 먼저 존중하는 마음이 생겼다. 마치 오래 닫혀 있던 창문을 열고 부드러운 아침 공기가 마음 깊숙이 스며드는 것처럼.

독일 철학자 마르틴 부버는 인간 관계를 '나-그것'(I-It)과 '나-너'(I-Thou)로 나누었다. 전자는 상대를 대상화하는 관계이고, 후자는 상대를 하나의 온전한 존재로 만나는 관계다. 그는 말했다.

"우리가 '너'라고 부르는 순간, 세계는 비로소 살아난다."

나를 존중하기 시작한 순간, 내 세계는 '나-그것'의 세계에서 '나-너'의 세계로 천천히 이동하고 있었다. **존경은 단순한 태도의 변화가 아니라 세상을 다시 바라보는 방식의 탄생이었다.**

어느 날 어린아이가 거북이에게 물었다.

"왜 이렇게 느려? 조금만 더 빨리 가면 좋지 않아?"

거북이는 천천히 대답했다.

"나는 빨리 가고 싶지 않아. 이 길을 느끼며 걷고 싶을 뿐이야."

이 이야기처럼 사람마다 각자의 속도와 무게가 있다. 말이 서툰 사람, 일이 느린 사람, 결정을 쉽게 하지 못하는 사람들. 예전의 나는 그들이 답답하다고 생각했지만, 이제는 이렇게 말할 수 있게 되었다.

'아, 저 사람은 저 사람의 속도로 살아가고 있구나.'

존중은 조급함 대신 여유를 선택하게 만든다. 비가 억수같이 쏟아지던 날 우산도 없이 달리던 한 남자를 본 적이 있다. 사람들은 그를 보고 혀를 찼다. "왜 저렇게 허둥대지?" 하지만 그는 사랑하는 사람이 응급실에 실려 가던 중이었다.

우리는 종종 잊는다. 무례해 보이는 태도, 거친 말투 뒤에 보이지 않는 사정이 있을 수 있다는 사실을. 나를 존중하기 시작하면서 나는 타인의 행동에 즉각 반응하지 않을 여유를 갖게 되었다. **그들의 삶을 다 알 수 없다는 사실을 인정하는 순간, 그 여유는 존경으로 바뀌었다.**

심리학자 칼 로저스는 이를 '무조건적이고 긍정적인 존중'이라 불렀다.

"사람은 존중받는 환경에서만 변화할 수 있다."

이는 행동을 옹호하라는 말이 아니라 존재와 가능성을 존중하라는 뜻이다.

내가 먼저 존중할 때 상대의 마음도 서서히 풀린다. 존중은 안전감을 만들고 안전감은 관계의 온도를 바꾼다. 나는 일을 하며 다양한 사람을 만난다. 화려한 사람, 불안정한 사람, 평범해 보이거나 어수룩한 사람, 때로는 술에 취해 보이는 사람까지. 이제 나는 사람을 만나는 첫 순간부터 존경의 마음으로 맞이한다. 그 사람이 살아온 시간과 과정을 존중한다.

놀랍게도 그 태도는 상대의 말투와 표정을 바꾸고 마지막 발걸음에까지 온기를 남긴다. **존경은 전염된다.**

외모는 존재의 가치를 결정하지 않는다. 나를 존중하기 시작하면서 외모에서 오는 위축과 우월감 모두에서 자유로워졌다. 나는 이제 사람을 겉모습이 아닌 삶의 이야기로 바라본다.

남편과의 관계에서도 변화는 분명했다. 존경 없이 바라보던 시절의 관계는 거칠었지만, 있는 그대로를 존중하기 시작하자 관계는 지지와 신뢰의 방향으로 달라졌다. 다툼은 줄고 비판보다 이해가, 요구보다 배려가 늘어났다.

에리히 프롬은 말했다.

"사랑은 감정이 아니라 능동적이고 책임 있는 태도다."

존경은 감정이 아니라 태도였고, 그 태도는 관계를 성숙하게 만들었다.

나를 존중하는 순간 타인을 바라보는 시선도 달라진다. 비교와 판단에서 벗어나 존재를 이해하려는 마음이 생긴다. 존경은 특별한 사람에게만 보내는 것이 아니다. 어린아이, 노인, 성공한 사람, 불안한 사람, 거친 사람, 조용한 사람 등 누구에게나 동일하게 건넬 수 있는 마음이다.

심리학자 크리스틴 네프는 말했다.

"인간임을 이해하는 순간 자신과 타인을 동시에 부드럽게 대할 수 있다."

우리는 서로를 완벽하게 만들기 위해 만난 존재가 아니다. 서로를 통해 또 다른 삶을 보고, 살아 있음을 느끼기 위해 이 세계에 함께 존재한다.

오늘도 나는 존경으로 세상을 맞이한다.

그 존경이 내 마음을 지키고 세상을 좀 더 부드럽게 만든다는 것을 알기에.

39장

'존재 중심형과 세상 속 확장 중심형 사이에서 균형적인 삶을 살아가기

나는 이미 충분하지만
그래도 더 이루고 싶은 나를 이해하기까지

내가 써온 이 글들은 결국 자신의 뿌리를 붙잡는 여정에 대한 기록이다. 자신의 존재를 정상적이고 충분하다고 받아들이며, 있는 그대로의 나를 수용하는 길. 나는 이 길을 존재 중심형의 삶이라 부른다.

이 글을 쓰기 시작한 이유는 분명했다. 열심히 살고 완벽을 추구하며, 끊임없이 자신을 부정하던 나에게 균형을 되돌려주고 싶었기 때문이다. 끝없이 목표를 추구하면서 나는 자주 길을 잃었다.

인간에게는 두 가지 중요한 에너지가 있다. **하나는 '나는 이미 충분하다'라는 존재의 에너지다.** 비교 없이 현재를 살아가며 자기 자신을 신뢰하는 힘이다.

다른 하나는 '나는 더 이루고 싶다'라는 확장의 에너지다. 가능성을 실현하고 세상에 의미 있는 흔적을 남기고자 하는 생명력이다.

이 둘 중 하나로만 살아가면 균형은 무너진다. '이미 충분하다'에만 머물면 세상과의 연결이 약해지고 확장의 생명력이 막히기 쉽다. 반대로 '더 이루어야 한다'에만 매달리면 성과가 곧 존재의 기준이 되며 불안과 조급함에 갇힌다.

<u>그래서 이 글은 먼저 존재의 뿌리를 세우고, 그 위에서 확장과 창조의 길로 나아갈 수 있는 힘을 기르는 과정을 담고 있다.</u>

'나는 이미 충분한 존재이기에 기쁘게 가능성을 펼칠 수 있다.'

이 확신이 자리 잡을 때 삶은 결핍에서 애쓰는 방식이 아니라 충만함에서 자연스럽게 피어나는 방향으로 흐르기 시작한다.

충분함과 확장 사이에서 길을 잃었던 나는 오랫동안 세상 속 확장의 길을 살아왔다. 공부하고, 일하며, 자격증을 따고, 사업을 시도하고, 성과로 인정받으려 애썼다. 외모를 가꾸고 완벽한 조건을 갖추어야만 내 존재가 가치 있어 보이는 듯했다. 그 모든 것은 삶의 자연스러운 일부였다.

그러나 마음은 늘 바빴다. 성취 뒤에는 잠시 안도가 왔지만, 곧 다음 목표가 나타났다. 만족은 오래가지 않았다.

그러다 명상과 내면의 길을 배우며 나는 존재 중심이라는 개념을 만났다.

"나는 이미 충분하다. 나는 지극히 정상적이다."

처음에는 낯설었고, 위로였으며, 동시에 혼란스러웠다. 행동 중심으로 살아온 나에게 '가만히 있어도 충분하다'라는 말은 쉽게 이해되지 않았다. 그러나 곧 깨달았다. **열매보다 먼저 뿌리를 세우는 일이 필요하다는 것을.**

§ '나는 이미 충분하다'는 말의 진짜 의미 §

나는 한때 이 말을 '더 이상 노력하지 않아도 된다'라는 뜻으로 오해했다. 그러나 충분함은 멈춤이 아니라 자기 불신을 멈추는 선택이다. 무엇을 이루지 않아도 나는 존재로서 가치 있고 사랑받을 자격이 있다는 사실을 인정하는 태도다. 부족함까지 받아들일 때 오히려 내가 잘할 수 있는 방향이 분명해지고 지속할 힘이 생긴다.

에리히 프롬은 인간이 성숙하게 성장하기 위해서는 자신을 있는 그대로 받아들이는 능력이 필요하다고 말했다.

심리학자 크리스틴 네프 역시 자기 수용이 높은 사람일수록 스트레스와 불안에 강하며, 장기적 목표 달성에서도 더 안정적이라고 설명한다.

자기 존재에 대한 확신이 없으면 어떤 성취도 우리를 만족시키지 못한다. 결핍에서 시작된 성취는 끝없이 목마르기 때문이다.

뿌리가 단단할 때 행동은 자유로워진다.

§ '더 이루고 싶다'라는 마음은 결핍이 아니다 §

존재의 길을 걷다 보면 성취 욕구를 내려놓아야 한다고 생각하기 쉽다. 나 역시 한때 확장을 추구하는 삶을 경계했다. 그러나 깨달았다. 더 이루고 싶다는 마음은 결핍이 아니라 생명력이라는 것을.

아리스토텔레스는 인간을 "행동을 통해 자신의 탁월성을

실현하는 존재"라고 말했다. 씨앗은 땅속에 머무르기 위해 존재하지 않는다. 뿌리가 단단해지면, 자연스럽게 빛을 향해 올라온다.

중요한 것은 질문이다.

이 행동은 두려움에서 시작되었는가, 기쁨에서 시작되었는가?

두려움에서 나온 성취는 조급하고 쉽게 소진된다. 기쁨에서 나온 성취는 자연스럽고 오래 지속된다.

'나는 이미 충분하다'라는 말은 멈추라는 뜻이 아니다.

'더 이루어야 한다'라는 말도 자신을 몰아붙이라는 뜻이 아니다. 그것은 충분함을 바탕으로 생명을 펼치라는 초대다.

§ 균형의 핵심 - 무엇을 하느냐보다 어떤 에너지로 하느냐 §

같은 일을 해도 불안으로 하느냐, 충분함으로 하느냐에 따라 삶의 질은 달라진다. 균형이란 완성된 상태가 아니라 매 순간 조정되는 감각이다.

아침에 이렇게 속삭여보자.

'나는 지극히 정상적이며, 이미 충분하다. 그리고 이 충분함으로 오늘을 살아가겠다.'

존재는 뿌리가 되고 성취는 가지가 된다.

한 숲에 나무 두 그루가 있었다. 한 나무는 뿌리는 깊었지만 가지가 짧았고, 다른 나무는 가지는 무성했지만, 뿌리가 얕았다. 폭풍이 지나간 뒤 두 나무는 서로를 닮아가기 시작했다. 뿌리는 더 단단해지고 가지는 더 자유로워졌다.

삶도 그렇다. 뿌리를 세우고 기쁘게 확장할 때 우리는 조용하지만 강하게 자신만의 삶을 펼쳐 나갈 수 있다.

알고 보니, 당신의 삶은 지극히 정상적이었다.
흔들리면서도 결국 자신에게 돌아오는 여행

가끔 그런 순간이 있죠.

하루가 끝나갈 즈음 혹은 아무 일도 없는 조용한 틈 사이에서 문득 '나는 지금 잘 살고 있는 걸까?'라고 물으며 스스로를 돌아보게 되는 순간 말이에요.

그럴 때 우리는 자주 이렇게 묻습니다.

'왜 이렇게 마음이 흔들리지?' '나는 왜 남들보다 예민할까?' '이 정도 일로 이렇게 불안해해도 되는 걸까?'

그런데요, 이제는 이렇게 말해주고 싶어요.

"괜찮아요. 정말로요."

당신이 겪은 감정의 오르내림, 마음의 흔들림은 모두 지극히 정상적이었어요. 당신은 그저 인간답게 살아오고 있었을 뿐이에요.

사람은 누구나 이해받고 싶고, 인정받고 싶어요.

그 마음이 올라올 때마다 '내가 너무 약한가?', '괜히 유난 떠
는 건 아닐까?'라고 물으며 스스로를 다그친 적도 있었겠죠.

하지만 그럴 필요 없어요. 그 마음들, 하나같이 이상한 게
아니에요. 참으로 자연스럽고 참으로 인간적인 마음이에요.
심리치료사 버지니아 새티어는 이런 말을 했어요.
"성장은 스스로를 더 깊이 이해하고 받아들이는 데서 시작된다."
그러니까 지금까지 당신이 느껴온 감정들은 잘못된 신호
가 아니라 성장의 출발점이었던 거예요.

비교하다가 흔들리고, 서운해하고, 외로워서 잠시 멈춰 선
순간들조차 당신이 잘못 살아왔다는 증거는 아니에요. 오히
려 그건 당신이 삶을 대충 넘기지 않고 진심으로 살아왔다
는 증거에 더 가까워요.
이해받지 못해서 속상했던 마음, 누군가의 말 한마디에 오
래 아팠던 순간, 그리고 혼자 있을 때마다 들려오던 내면의
목소리들까지 그 모든 게 사실은 "나는 어떤 사람인가"를
알아가던 과정이었어요.
혹시 이런 말들 익숙하지 않나요?

"너만 힘든 거 아니야." "왜 그렇게 예민해?" "다들 참는데 너만 문제 삼는 거야."

이 목소리들 때문에 많이 움츠러들었을지도 몰라요.

그런데 알고 보면 이 목소리들조차도 당신을 망치려는 게 아니라 상처받지 않게 하려던 서툰 보호였어요. 우리 마음은 늘 나름의 방식으로 우리를 지켜왔거든요.

당신이 여기까지 걸어온 시간과 노력은 누가 알아주든 알아주지 않든 변하지 않아요. 그 안에서 했던 선택들, 실수들, 버텨낸 날들, 포기하지 않았던 순간들 그 모든 게 이미 당신이 이 삶을 살아갈 충분한 자격이에요.

우리는 모두 잘하는 것과 부족한 것을 함께 가진 존재예요. 강점만 있는 사람은 없고, 약점 없는 사람도 없어요. 그걸 인정하기 시작할 때 우리는 좀 더 편안해지고, 좀 더 나 자신 편에 설 수 있어요.

당신도 그래요. 당신이 겪은 흔들림에는 다 이유가 있었고, 그 감정들은 당신이 잘못됐다는 증거가 아니라 당신이 살아 있었다는 흔적이에요.

하루가 끝나기 전 오늘만큼은 스스로에게 이렇게 말해줘

도 괜찮아요.

'괜찮아. 나, 이만하면 잘 살아왔어. 그리고 그 시간 속에서 나는 분명 나였어.'

이 글이 당신에게 삶을 조금 덜 심각하게 바라볼 수 있는 숨 한 번이 되었으면 좋겠어요. 작은 미소 하나, 잠깐의 호흡, 스스로에게 건네는 짧은 다정함이 생각보다 큰 힘이 될 때도 있으니까요.

알프레드 아들러는 이렇게 말했어요. **"불완전함은 성장의 기회다."**

당신이 완벽하지 않았기 때문에 여기까지 올 수 있었고, 그래서 지금의 당신이 만들어진 거예요. 삶은 완벽하지 않아도 괜찮아요.

지금의 당신도 이미 충분히 괜찮고, 사랑받을 자격이 있고, 그 자체로 의미 있는 존재예요. 스스로를 이해하려 애썼던 그 모든 순간은 당신을 좀 더 깊고, 좀 더 넓은 사람으로 만들어왔어요. 그건 이미 성장이고 이미 잘 해온 거예요.

이 글을 끝까지 읽어준 당신에게 진심으로 고맙다는 말을 전하고 싶어요. 당신은 스스로가 생각하는 것보다 훨씬 더 단단하고, 훨씬 더 빛나는 사람이에요. 이제 조금은 작은 틀에서 나와도 괜찮아요.

 당신 마음 안에 있는 넓은 호수에서 천천히, 자유롭게 헤엄쳐도 괜찮아요.

 삶은 원래 우리 안에서 계속 흐르고 있었고, 우리는 그 흐름 속에서 나를 잃었다가 다시 나를 찾아오는 여행을 해왔을 뿐이에요. 그리고 언젠가 아주 조용한 순간에 당신은 이렇게 말하게 될 거예요.

'나는 내가 생각했던 것보다 훨씬 소중한 사람이었구나.'

빛의 아이

글: 베다

한 아이가 태어났어요.

그 아이는 태어나는 순간부터 눈부신 빛을

지니고 있었지요.

아이를 바라보던 가족들은 너무 눈부셔서 눈을 제대

로 뜰 수 없었어요.

아이 주변에는 언제나 웃음소리와 따뜻한 빛이 가득

했고, 세상의 모든 것이 아이에게는 즐거운 놀이처럼

느껴졌답니다.

아이의 웃음은 멈출 줄 몰랐고, 자유롭게 뛰놀며 하루

하루를 빛으로 채워갔지요.

하지만 부모의 마음은 점점 걱정으로 무거워졌어요.

'밖에서 사람들이 놀리면 어쩌지?'

'차가운 바람에 아이가 아프면 어쩌지?'

빛이 너무 밝아 아이가 세상을 살아가기 힘들 거라고

생각했어요.

첫 외출을 하던 날 부모는 아이에게 회색 망토를 입혔
어요.
"밖은 춥단다. 이걸 입어야 해."
아이는 입기 싫어 발버둥 쳤지만 결국 어쩔 수 없이
망토를 걸쳤어요.

밖에는 눈보라와 매서운 바람이 몰아치고 있었어요.
사람들은 모두 회색 옷을 입고 있었지요.
어떤 사람은 온몸을 회색으로 감싸 더욱 독특해 보이
기도 했어요.

아이는 사람들을 따라 하기 시작했어요.
회색 모자, 회색 선글라스, 회색 목도리, 회색 망토, 회
색 바지, 회색 신발까지….

겹겹이 옷을 입을수록 아이의 빛은 점점 가려졌고, 이
제는 새어 나올 틈조차 없었어요.

아이의 마음속에서 작은 속삭임이 들려왔어요.

‘이제야 사람들이 나를 봐줄 거야.’

하지만 사람들은 아이를 힐끔 바라볼 뿐 이내 외면했어요.
아이의 마음은 외로움으로 가득 찼지요.
옷을 더 입을수록 몸은 무거워졌고 숨 쉬는 것조차 힘
들어졌어요.

마침내 아이는 깨달았어요.
‘이제는 더 이상 숨을 쉴 수 없어.
내 목소리를 들려주려면 옷을 벗어야 해.’

손은 떨렸지만 아이는 용기를 냈어요.
회색 가면과 마스크를 벗고 크게 외쳤지요.

“살려주세요!”

사람들은 놀라며 아이에게 다가왔어요.
가면을 벗은 아이의 얼굴에서
노란 황금빛 광채가 흘러나오고 있었거든요.

차갑고 매서운 바람 속에서도
아이의 빛과 온기는 사람들에게 전해졌어요.

사람들은 하나둘 아이 곁으로 모여들었고,
아이도 용기를 내어 모자와 망토, 바지와 신발을 벗기
시작했어요.
아이의 온몸에서 빛이 쏟아지자
차갑던 세상은 점점 따뜻해졌답니다.

사람들 역시 서서히 회색 옷을 벗었어요.
빛과 온기를 느끼며 웃기 시작했지요.

"하하하!"
"와, 너무 따뜻해요!"
"빛이 참 좋아요!"

눈보라와 추위는 사라졌고,
숨 막히거나 아픈 일도 더는 없었어요.
그곳에는 오직 밝은 빛과 사랑의 웃음소리만 남았답니다.

아이의 빛은 특별했어요.

하지만 그 빛을 숨기려 했던 마음도,

두려움도 모두 아주 자연스러운 일이었지요.

그러나 아이가 용기를 내어

진짜 자신을 보여주자

세상은 그 빛을 알아보고 함께 웃어주었답니다.

그리고 우리는 알게 되었어요.

진짜 나를 드러내는 순간

세상은 비로소 그 빛을 알아보고

따뜻하게 맞아주며 함께 웃는다는 것을요.

이 말을 함께 반복해볼까요?

"빛을 숨기지 않아도 돼요.

진짜 나를 보여줘도 돼요.

당신의 빛은 세상을 따뜻하게 만들어요."

알고 보니 나는 지극히 정상적이다

2026년 2월 10일 초판 1쇄 발행

지은이 베다
이메일 hjhcjswo88@naver.com

펴낸곳 주식회사 네모연구소
출판브랜드 좋은 네모
주소 서울특별시 중구 충무로29 101호, 101-1호
대표전화 02-2633-1308
이메일 nemo@nemolab.co.kr
홈페이지 http://www.nemolab.co.kr
출판등록 제 2025-000033호
ISBN 979-11-974908-4-2